Hojas

Grace Hansen

ANATOMÍA DE UNA PLANTA

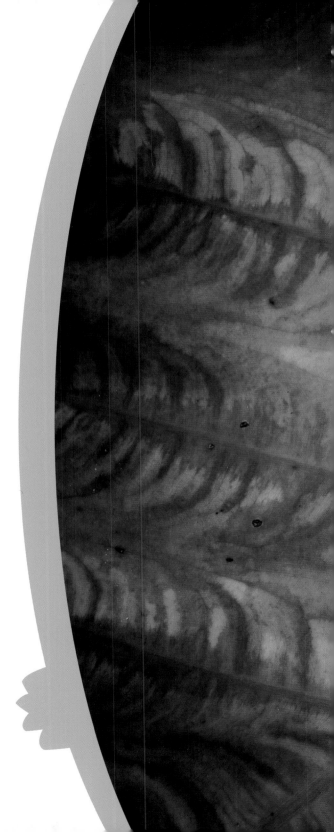

abdopublishing.com

Published by Abdo Kids, a division of ABDO, PO Box 398166, Minneapolis, Minnesota 55439.

Printed in the United States of America, North Mankato, Minnesota.

102016

012017

 THIS BOOK CONTAINS
RECYCLED MATERIALS

Spanish Translator: Maria Puchol

Photo Credits: iStock, Science Source, Shutterstock

Production Contributors: Teddy Borth, Jennie Forsberg, Grace Hansen

Design Contributors: Laura Mitchell, Dorothy Toth

Publisher's Cataloging-in-Publication Data

Names: Hansen, Grace, author.

Title: Hojas / by Grace Hansen.

Other titles: Leaves. Spanish

Description: Minneapolis, MN : Abdo Kids, 2017. | Series: Anatomía de una
    planta | Includes bibliographical references and index.

Identifiers: LCCN 2016947822 | ISBN 9781624026591 (lib. bdg.) |
    ISBN 9781624028830 (ebook)

Subjects: LCSH: Leaves--Juvenile literature. | Spanish language materials--
    Juvenile literature.

Classification: DDC 575.5/7--dc23

LC record available at http://lccn.loc.gov/2016947822

Contenido

Hojas

Las hojas son parte de las plantas. Crecen en los tallos de las flores y en los árboles. También en los arbustos y en las enredaderas.

4

La cocina de la naturaleza

Las hojas son muy importantes.

Producen alimento para

las plantas.

6

7

Las hojas usan la luz del sol para producir ese alimento. Este proceso se llama **fotosíntesis**.

9

La **clorofila** hace que las hojas sean verdes. También hace posible la **fotosíntesis**.

11

Las hojas también necesitan **dióxido de carbono** para producir alimento. Lo consiguen del aire. También necesitan agua.

13

En las hojas hay pequeños huecos. Se llaman estomas. Los estomas permiten que entre y salga el agua y el aire.

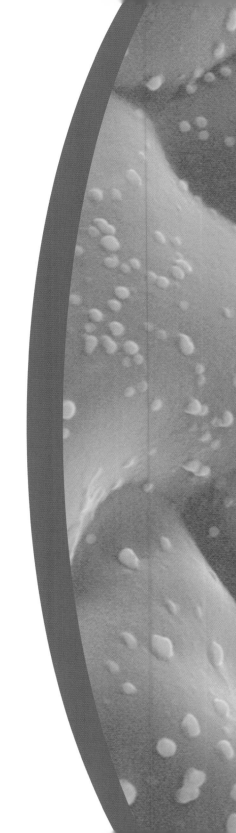

Cuando el agua sale de las

hojas se llama transpiración.

El verano puede ser caluroso.

Si las hojas están húmedas las

plantas se mantienen frescas.

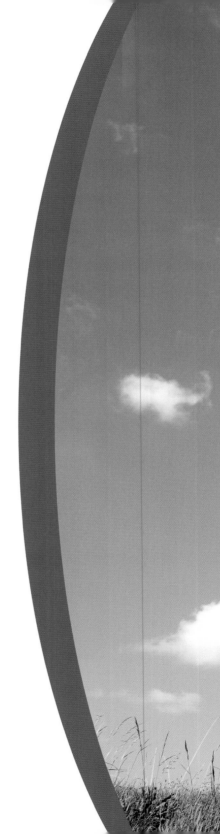

17

¡A prepararse para el invierno!

Dejar que el agua salga en el invierno no sería bueno para las plantas. Los árboles y los arbustos mudan las hojas. Esto los ayuda a almacenar agua y así poder sobrevivir.

19

Los árboles de hoja perenne no mudan las hojas. Las hojas de los pinos se llaman pinocha. La pinocha tiene cera, lo que las ayuda a guardar agua.

Anatomía de una hoja

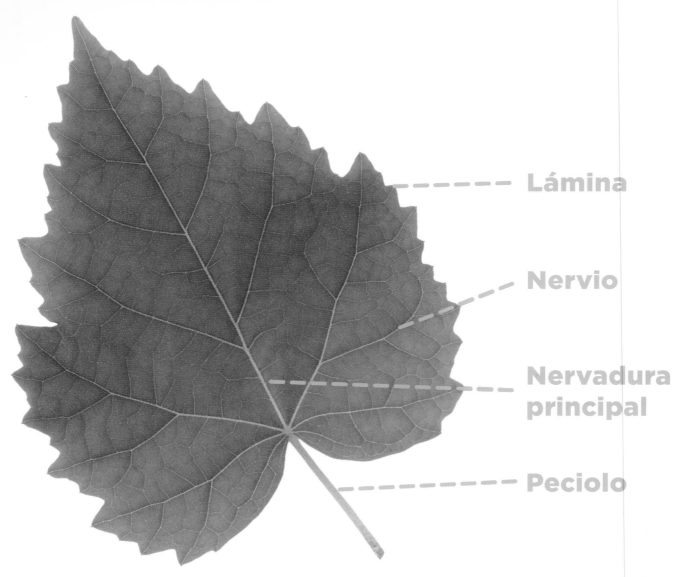

Lámina

Nervio

Nervadura principal

Peciolo

Glosario

clorofila – materia verde de algunas plantas, que absorbe la luz y es necesaria para la fotosíntensis.

dióxido de carbono – gas incoloro que las plantas absorben del aire durante la fotosíntesis.

fotosíntesis – proceso a través del cual una planta convierte en alimento el aire, el agua y la luz que recibe.

Índice

abdokids.com

¡Usa este código para entrar en abdokids.com y tener acceso a juegos, arte, videos y mucho más!

Código Abdo Kids:
PLK1378